TRANZLATY

Language is for everyone

Jazyk je pre každého

Beauty and the Beast

Kráska a Zviera

Gabrielle-Suzanne Barbot de Villeneuve

English / Slovenčina

Copyright © 2025 Tranzlaty
All rights reserved
Published by Tranzlaty
ISBN: 978-1-83566-989-1
Original text by Gabrielle-Suzanne Barbot de Villeneuve
La Belle et la Bête
First published in French in 1740
Taken from The Blue Fairy Book (Andrew Lang)
Illustration by Walter Crane
www.tranzlaty.com

There was once a rich merchant
Bol raz jeden bohatý obchodník
this rich merchant had six children
tento bohatý obchodník mal šesť detí
he had three sons and three daughters
mal troch synov a tri dcéry
he spared no cost for their education
nešetril na ich vzdelávaní
because he was a man of sense
pretože to bol rozumný muž
but he gave his children many servants
ale svojim deťom dal veľa sluhov
his daughters were extremely pretty
jeho dcéry boli veľmi pekné
and his youngest daughter was especially pretty
a jeho najmladšia dcéra bola obzvlášť pekná
as a child her Beauty was already admired
už ako dieťa obdivovali jej krásu
and the people called her by her Beauty
a ľudia ju volali podľa jej krásy
her Beauty did not fade as she got older
starnutím jej krása nevybledla
so the people kept calling her by her Beauty
tak ju ľudia stále volali podľa jej krásy
this made her sisters very jealous
to spôsobilo, že jej sestry veľmi žiarli
the two eldest daughters had a great deal of pride
dve najstaršie dcéry mali veľkú dávku hrdosti
their wealth was the source of their pride
ich bohatstvo bolo zdrojom ich hrdosti
and they didn't hide their pride either
a ani oni neskrývali svoju hrdosť
they did not visit other merchants' daughters
nenavštevovali dcéry iných obchodníkov
because they only meet with aristocracy
pretože sa stretávajú len s aristokraciou

they went out every day to parties
chodili každý deň na párty
balls, plays, concerts, and so forth
plesy, hry, koncerty a pod
and they laughed at their youngest sister
a smiali sa svojej najmladšej sestre
because she spent most of her time reading
pretože väčšinu času trávila čítaním
it was well known that they were wealthy
bolo dobre známe, že sú bohatí
so several eminent merchants asked for their hand
tak ich o ruku požiadalo niekoľko významných obchodníkov
but they said they were not going to marry
ale povedali, že sa nebudú vydávať
but they were prepared to make some exceptions
ale boli pripravení urobiť nejaké výnimky
"perhaps I could marry a Duke"
"Možno by som sa mohol vydať za vojvodu"
"I guess I could marry an Earl"
"Myslím, že by som sa mohol vydať za grófa"
Beauty very civilly thanked those that proposed to her
kráska veľmi civilne poďakovala tým, ktorí ju navrhli
she told them she was still too young to marry
povedala im, že je ešte príliš mladá na to, aby sa vydala
she wanted to stay a few more years with her father
chcela zostať ešte pár rokov so svojím otcom
All at once the merchant lost his fortune
Obchodník zrazu prišiel o svoje bohatstvo
he lost everything apart from a small country house
stratil všetko okrem malého vidieckeho domu
and he told his children with tears in his eyes:
a svojim deťom so slzami v očiach povedal:
"we must go to the countryside"
"musíme ísť na vidiek"
"and we must work for our living"
"a musíme pracovať, aby sme sa uživili"

the two eldest daughters didn't want to leave the town
dve najstaršie dcéry nechceli opustiť mesto
they had several lovers in the city
mali v meste viacero milencov
and they were sure one of their lovers would marry them
a boli si istí, že jeden z ich milencov si ich vezme
they thought their lovers would marry them even with no fortune
mysleli si, že ich milenci si ich vezmú aj bez bohatstva
but the good ladies were mistaken
ale dobré dámy sa mýlili
their lovers abandoned them very quickly
ich milenci ich veľmi rýchlo opustili
because they had no fortunes any more
pretože už nemali žiadne bohatstvo
this showed they were not actually well liked
to ukázalo, že v skutočnosti neboli veľmi radi
everybody said they do not deserve to be pitied
všetci povedali, že si nezaslúžia byť poľutovaní
"we are glad to see their pride humbled"
"sme radi, že vidíme pokornú ich hrdosť"
"let them be proud of milking cows"
"nech sú hrdí na dojenie kráv"
but they were concerned for Beauty
ale starali sa o krásu
she was such a sweet creature
bola taká milá bytosť
she spoke so kindly to poor people
tak láskavo hovorila k chudobným ľuďom
and she was of such an innocent nature
a bola takej nevinnej povahy
Several gentlemen would have married her
Viacerí páni by si ju vzali
they would have married her even though she was poor
boli by si ju vzali, hoci bola chudobná
but she told them she couldn't marry them

ale povedala im, že si ich nemôže vziať
because she would not leave her father
pretože by neopustila svojho otca
she was determined to go with him to the countryside
bola rozhodnutá ísť s ním na vidiek
so that she could comfort and help him
aby ho mohla utešiť a pomôcť mu
Poor Beauty was very grieved at first
Úbohá kráska bola najprv veľmi zarmútená
she was grieved by the loss of her fortune
bola zarmútená stratou majetku
"but crying won't change my fortunes"
"ale plač nezmení moje šťastie"
"I must try to make myself happy without wealth"
"Musím sa pokúsiť urobiť sám seba šťastným bez bohatstva"
they came to their country house
prišli do svojho vidieckeho domu
and the merchant and his three sons applied themselves to husbandry
a obchodník a jeho traja synovia sa venovali poľnohospodárstvu
Beauty rose at four in the morning
krása vstala o štvrtej ráno
and she hurried to clean the house
a ponáhľala sa upratať dom
and she made sure dinner was ready
a uistila sa, že večera je pripravená
in the beginning she found her new life very difficult
na začiatku znášala svoj nový život veľmi ťažko
because she had not been used to such work
pretože na takúto prácu nebola zvyknutá
but in less than two months she grew stronger
ale za necelé dva mesiace zosilnela
and she was healthier than ever before
a bola zdravšia ako kedykoľvek predtým
after she had done her work she read

po vykonaní práce čítala
she played on the harpsichord
hrala na čembale
or she sung whilst she spun silk
alebo spievala, kým prala hodváb
on the contrary, her two sisters did not know how to spend their time
naopak, jej dve sestry nevedeli tráviť čas
they got up at ten and did nothing but laze about all day
vstávali o desiatej a nerobili nič iné, len celý deň leňošili
they lamented the loss of their fine clothes
nariekali nad stratou svojich pekných šiat
and they complained about losing their acquaintances
a sťažovali sa, že stratili svojich známych
"Have a look at our youngest sister," they said to each other
„Pozri sa na našu najmladšiu sestru," povedali si
"what a poor and stupid creature she is"
"aké úbohé a hlúpe stvorenie to je"
"it is mean to be content with so little"
"je zlé uspokojiť sa s tak málo"
the kind merchant was of quite a different opinion
ten druh obchodníka bol celkom iného názoru
he knew very well that Beauty outshone her sisters
veľmi dobre vedel, že krása prevyšuje jej sestry
she outshone them in character as well as mind
prevyšovala ich charakterom aj mysľou
he admired her humility and her hard work
obdivoval jej pokoru a pracovitosť
but most of all he admired her patience
no najviac zo všetkého obdivoval jej trpezlivosť
her sisters left her all the work to do
jej sestry jej nechali všetku prácu
and they insulted her every moment
a každú chvíľu ju urážali
The family had lived like this for about a year
Rodina takto žila asi rok

then the merchant got a letter from an accountant
potom obchodník dostal list od účtovníka
he had an investment in a ship
mal investíciu do lode
and the ship had safely arrived
a loď bezpečne dorazila
this news turned the heads of the two eldest daughters
Jeho správa obrátila hlavy dvoch najstarších dcér
they immediately had hopes of returning to town
okamžite mali nádej na návrat do mesta
because they were quite weary of country life
pretože boli dosť unavení z vidieckeho života
they went to their father as he was leaving
išli k otcovi, keď odchádzal
they begged him to buy them new clothes
prosili ho, aby im kúpil nové šaty
dresses, ribbons, and all sorts of little things
šaty, stuhy a všelijaké drobnosti
but Beauty asked for nothing
ale krása si nič nepýtala
because she thought the money wasn't going to be enough
pretože si myslela, že tie peniaze nebudú stačiť
there wouldn't be enough to buy everything her sisters wanted
nebolo by dosť na to, aby si kúpila všetko, čo jej sestry chceli
"What would you like, Beauty?" asked her father
"Čo by si chcela, kráska?" spýtal sa jej otec
"thank you, father, for the goodness to think of me," she said
"Ďakujem ti, otec, že si na mňa myslel," povedala
"father, be so kind as to bring me a rose"
"Otec, buď taký láskavý a prines mi ružu"
"because no roses grow here in the garden"
"pretože tu v záhrade nerastú ruže"
"and roses are a kind of rarity"
"a ruže sú druh vzácnosti"
Beauty didn't really care for roses

krása naozaj nestála o ruže
she only asked for something not to condemn her sisters
žiadala len niečo, aby neodsúdila svoje sestry
but her sisters thought she asked for roses for other reasons
ale jej sestry si mysleli, že žiadala ruže z iných dôvodov
"she did it just to look particular"
"urobila to len preto, aby vyzerala zvlášť"
The kind man went on his journey
Milý muž sa vydal na cestu
but when he arrived they argued about the merchandise
ale keď prišiel, dohadovali sa o tovare
and after a lot of trouble he came back as poor as before
a po mnohých problémoch sa vrátil taký chudobný ako predtým
he was within a couple of hours of his own house
bol do pár hodín od svojho domu
and he already imagined the joy of seeing his children
a už si predstavoval tú radosť, keď vidí svoje deti
but when going through forest he got lost
ale pri prechode lesom sa stratil
it rained and snowed terribly
strašne pršalo a snežilo
the wind was so strong it threw him off his horse
vietor bol taký silný, že ho zhodil z koňa
and night was coming quickly
a noc sa rýchlo blížila
he began to think that he might starve
začal si myslieť, že by mohol hladovať
and he thought that he might freeze to death
a myslel si, že by mohol zamrznúť
and he thought wolves may eat him
a myslel si, že ho môžu zjesť vlci
the wolves that he heard howling all round him
vlci, ktorých počul zavýjať všade okolo seba
but all of a sudden he saw a light
ale zrazu uvidel svetlo

he saw the light at a distance through the trees
videl svetlo v diaľke cez stromy
when he got closer he saw the light was a palace
keď prišiel bližšie, videl, že svetlo je palác
the palace was illuminated from top to bottom
palác bol osvetlený zhora nadol
the merchant thanked God for his luck
obchodník ďakoval Bohu za šťastie
and he hurried to the palace
a ponáhľal sa do paláca
but he was surprised to see no people in the palace
bol však prekvapený, že v paláci nevidel žiadnych ľudí
the court yard was completely empty
dvorný dvor bol úplne prázdny
and there was no sign of life anywhere
a nikde nebolo ani stopy po živote
his horse followed him into the palace
jeho kôň ho nasledoval do paláca
and then his horse found large stable
a potom jeho kôň našiel veľkú stajňu
the poor animal was almost famished
úbohé zviera takmer vyhladovalo
so his horse went in to find hay and oats
a tak vošiel jeho kôň hľadať seno a ovos
fortunately he found plenty to eat
našťastie našiel veľa jedla
and the merchant tied his horse up to the manger
a kupec priviazal koňa k jasliam
walking towards the house he saw no one
kráčajúc smerom k domu nikoho nevidel
but in a large hall he found a good fire
ale vo veľkej sieni našiel dobrý oheň
and he found a table set for one
a našiel prestretý stôl pre jedného
he was wet from the rain and snow
bol mokrý od dažďa a snehu

so he went near the fire to dry himself
tak sa priblížil k ohňu, aby sa osušil
"I hope the master of the house will excuse me"
"Dúfam, že ma pán domu ospravedlní."
"I suppose it won't take long for someone to appear"
"Predpokladám, že to nebude trvať dlho, kým sa niekto objaví"
He waited a considerable time
Čakal dosť dlho
he waited until it struck eleven, and still nobody came
počkal, kým odbila jedenásť, a stále nikto neprichádzal
at last he was so hungry that he could wait no longer
konečne bol taký hladný, že už nemohol čakať
he took some chicken and ate it in two mouthfuls
vzal si kura a zjedol ho na dva sústo
he was trembling while eating the food
triasol sa pri jedle
after this he drank a few glasses of wine
potom vypil niekoľko pohárov vína
growing more courageous he went out of the hall
nabral odvahu a vyšiel zo sály
and he crossed through several grand halls
a prešiel cez niekoľko veľkých sál
he walked through the palace until he came into a chamber
prechádzal palácom, až prišiel do komnaty
a chamber which had an exceeding good bed in it
komora, v ktorej bolo mimoriadne dobré lôžko
he was very much fatigued from his ordeal
bol veľmi unavený zo svojho utrpenia
and the time was already past midnight
a čas bol už po polnoci
so he decided it was best to shut the door
tak sa rozhodol, že bude najlepšie zavrieť dvere
and he concluded he should go to bed
a dospel k záveru, že by mal ísť spať
It was ten in the morning when the merchant woke up

Bolo desať hodín ráno, keď sa obchodník zobudil
just as he was going to rise he saw something
práve keď sa chystal vstať, niečo uvidel
he was astonished to see a clean set of clothes
bol užasnutý, keď videl čisté oblečenie
in the place where he had left his dirty clothes
na mieste, kde nechal svoje špinavé oblečenie
"certainly this palace belongs to some kind fairy"
"určite tento palác patrí nejakej milej víle"
"a fairy who has seen and pitied me"
" víla , ktorá ma videla a zľutovala sa"
he looked through a window
pozrel cez okno
but instead of snow he saw the most delightful garden
ale namiesto snehu videl tú najúžasnejšiu záhradu
and in the garden were the most beautiful roses
a v záhrade boli najkrajšie ruže
he then returned to the great hall
potom sa vrátil do veľkej sály
the hall where he had had soup the night before
sála, kde mal večer predtým polievku
and he found some chocolate on a little table
a na malom stolíku našiel čokoládu
"Thank you, good Madam Fairy," he said aloud
„Ďakujem, dobrá madam Fairy," povedal nahlas
"thank you for being so caring"
"ďakujem, že sa tak staráš"
"I am extremely obliged to you for all your favours"
"Som vám nesmierne zaviazaný za všetku vašu priazeň."
the kind man drank his chocolate
láskavý muž vypil svoju čokoládu
and then he went to look for his horse
a potom išiel hľadať svojho koňa
but in the garden he remembered Beauty's request
ale v záhrade si spomenul na prosbu krásy
and he cut off a branch of roses

a odrezal vetvu ruží
immediately he heard a great noise
hneď začul veľký hluk
and he saw a terribly frightful Beast
a videl strašne strašnú šelmu
he was so scared that he was ready to faint
bol taký vystrašený, že bol pripravený omdlieť
"You are very ungrateful," said the Beast to him
„Si veľmi nevďačný," povedala mu beštia
and the Beast spoke in a terrible voice
a šelma prehovorila hrozným hlasom
"I have saved your life by allowing you into my castle"
"Zachránil som ti život tým, že som ťa pustil do môjho hradu."
"and for this you steal my roses in return?"
"A za to mi na oplátku kradneš ruže?"
"The roses which I value beyond anything"
"Ruže, ktoré si vážim viac než čokoľvek"
"but you shall die for what you've done"
"ale zomrieš za to, čo si urobil"
"I give you but a quarter of an hour to prepare yourself"
"Dávam ti štvrťhodinu na prípravu."
"get yourself ready for death and say your prayers"
"Priprav sa na smrť a povedz svoje modlitby"
the merchant fell on his knees
obchodník padol na kolená
and he lifted up both his hands
a zdvihol obe ruky
"My lord, I beseech you to forgive me"
"Môj pane, prosím ťa, odpusť mi"
"I had no intention of offending you"
"Nemal som v úmysle ťa uraziť"
"I gathered a rose for one of my daughters"
"Nazbieral som ružu pre jednu zo svojich dcér"
"she asked me to bring her a rose"
"Požiadala ma, aby som jej priniesol ružu"
"I am not your lord, but I am a Beast," replied the monster

"Nie som tvoj pán, ale som zviera," odpovedalo monštrum
"I don't love compliments"
"Nemám rád komplimenty"
"I like people who speak as they think"
"Mám rád ľudí, ktorí hovoria ako myslia"
"do not imagine I can be moved by flattery"
"Nepredstavujte si, že môžem byť pohnutý lichôtkami"
"But you say you have got daughters"
"Ale hovoríš, že máš dcéry"
"I will forgive you on one condition"
"Odpustím ti pod jednou podmienkou"
"one of your daughters must come to my palace willingly"
"jedna z tvojich dcér musí dobrovoľne prísť do môjho paláca"
"and she must suffer for you"
"a ona musí pre teba trpieť"
"Let me have your word"
"Daj mi tvoje slovo"
"and then you can go about your business"
"a potom sa môžeš venovať svojej veci"
"Promise me this:"
"Sľúb mi toto:"
"if your daughter refuses to die for you, you must return within three months"
"Ak vaša dcéra odmietne zomrieť za vás, musíte sa vrátiť do troch mesiacov."
the merchant had no intentions to sacrifice his daughters
obchodník nemal v úmysle obetovať svoje dcéry
but, since he was given time, he wanted to see his daughters once more
ale keďže dostal čas, chcel ešte raz vidieť svoje dcéry
so he promised he would return
tak sľúbil, že sa vráti
and the Beast told him he might set out when he pleased
a šelma mu povedala, že môže vyraziť, keď bude chcieť
and the Beast told him one more thing
a šelma mu povedala ešte jednu vec

"you shall not depart empty handed"
"neodídeš s prázdnymi rukami"
"go back to the room where you lay"
"choď späť do izby, kde si ležal"
"you will see a great empty treasure chest"
"uvidíš veľkú prázdnu truhlicu s pokladom"
"fill the treasure chest with whatever you like best"
"naplňte truhlicu s pokladom tým, čo máte najradšej"
"and I will send the treasure chest to your home"
"a pošlem pokladnicu k tebe domov"
and at the same time the Beast withdrew
a zároveň sa šelma stiahla
"Well," said the good man to himself
"Nuž," povedal si dobrý muž
"if I must die, I shall at least leave something to my children"
"Ak musím zomrieť, aspoň niečo zanechám svojim deťom"
so he returned to the bedchamber
tak sa vrátil do spálne
and he found a great many pieces of gold
a našiel veľké množstvo zlata
he filled the treasure chest the Beast had mentioned
naplnil truhlicu s pokladom, o ktorej šelma spomínala
and he took his horse out of the stable
a vyviedol svojho koňa zo stajne
the joy he felt when entering the palace was now equal to the grief he felt leaving it
radosť, ktorú cítil pri vstupe do paláca, sa teraz rovnala smútku, ktorý cítil pri odchode z paláca
the horse took one of the roads of the forest
kôň sa vybral jednou z lesných ciest
and in a few hours the good man was home
a o pár hodín bol dobrý muž doma
his children came to him
prišli k nemu jeho deti
but instead of receiving their embraces with pleasure, he

looked at them
ale namiesto toho, aby s potešením prijal ich objatia, pozrel sa na nich
he held up the branch he had in his hands
zdvihol konár, ktorý mal v rukách
and then he burst into tears
a potom sa rozplakal
"Beauty," he said, "please take these roses"
"Krása," povedal, "vezmite si prosím tieto ruže"
"you can't know how costly these roses have been"
"Nemôžeš vedieť, aké drahé boli tieto ruže"
"these roses have cost your father his life"
"tieto ruže stáli tvojho otca život"
and then he told of his fatal adventure
a potom povedal o svojom osudnom dobrodružstve
immediately the two eldest sisters cried out
okamžite vykríkli dve najstaršie sestry
and they said many mean things to their beautiful sister
a svojej krásnej sestre povedali veľa zlého
but Beauty did not cry at all
ale kráska vôbec neplakala
"Look at the pride of that little wretch," said they
"Pozrite sa na pýchu toho malého úbožiaka," povedali
"she did not ask for fine clothes"
"nepýtala si pekné oblečenie"
"she should have done what we did"
"Mala urobiť to, čo sme urobili my"
"she wanted to distinguish herself"
"chcela sa odlíšiť"
"so now she will be the death of our father"
"tak teraz ona bude smrťou nášho otca"
"and yet she does not shed a tear"
"a predsa nevyroní slzu"
"Why should I cry?" answered Beauty
"Prečo by som mal plakať?" odpovedal krása
"crying would be very needless"

"plač by bol veľmi zbytočný"
"my father will not suffer for me"
"Môj otec nebude pre mňa trpieť"
"the monster will accept of one of his daughters"
"monštrum prijme jednu zo svojich dcér"
"I will offer myself up to all his fury"
"Ponúknem sa celej jeho zúrivosti"
"I am very happy, because my death will save my father's life"
"Som veľmi šťastný, pretože moja smrť zachráni môjmu otcovi život"
"my death will be a proof of my love"
"Moja smrť bude dôkazom mojej lásky"
"No, sister," said her three brothers
„Nie, sestra," povedali jej traja bratia
"that shall not be"
"to nebude"
"we will go find the monster"
"Pôjdeme nájsť monštrum"
"and either we will kill him..."
"A buď ho zabijeme..."
"... or we will perish in the attempt"
"... alebo pri pokuse zahynieme"
"Do not imagine any such thing, my sons," said the merchant
„Nič také si nepredstavujte, synovia," povedal obchodník
"the Beast's power is so great that I have no hope you could overcome him"
"Sila toho zvieraťa je taká veľká, že nemám nádej, že by si ho dokázal prekonať."
"I am charmed with Beauty's kind and generous offer"
"Očarila ma láskavá a veľkorysá ponuka krásy"
"but I cannot accept to her generosity"
"ale nemôžem prijať jej štedrosť"
"I am old, and I don't have long to live"
"Som starý a nebude mi dlho žiť"
"so I can only loose a few years"

"takže môžem stratiť len pár rokov"
"time which I regret for you, my dear children"
"Čas, ktorý pre vás ľutujem, moje drahé deti"
"But father," said Beauty
"Ale otec," povedala kráska
"you shall not go to the palace without me"
"bezo mňa nepôjdeš do paláca"
"you cannot stop me from following you"
"nemôžeš mi zabrániť, aby som ťa nasledoval"
nothing could convince Beauty otherwise
nič nemohlo presvedčiť krásu o opaku
she insisted on going to the fine palace
trvala na tom, že pôjde do nádherného paláca
and her sisters were delighted at her insistence
a jej sestry sa potešili jej naliehaniu
The merchant was worried at the thought of losing his daughter
Obchodník bol znepokojený myšlienkou, že stratí svoju dcéru
he was so worried that he had forgotten about the chest full of gold
mal také starosti, že zabudol na truhlicu plnú zlata
at night he retired to rest, and he shut his chamber door
v noci sa utiahol na odpočinok a zavrel dvere svojej komory
then, to his great astonishment, he found the treasure by his bedside
potom na svoje veľké počudovanie našiel poklad pri svojej posteli
he was determined not to tell his children
bol rozhodnutý, že to svojim deťom nepovie
if they knew, they would have wanted to return to town
keby to vedeli, chceli by sa vrátiť do mesta
and he was resolved not to leave the countryside
a bol rozhodnutý neopustiť vidiek
but he trusted Beauty with the secret
ale dôveroval kráse s tajomstvom
she informed him that two gentlemen had came

oznámila mu, že prišli dvaja páni
and they made proposals to her sisters
a dali návrhy jej sestrám
she begged her father to consent to their marriage
prosila otca, aby súhlasil s ich sobášom
and she asked him to give them some of his fortune
a požiadala ho, aby im dal niečo zo svojho majetku
she had already forgiven them
už im odpustila
the wicked creatures rubbed their eyes with onions
zlé stvorenia si pretierali oči cibuľou
to force some tears when they parted with their sister
vynútiť si slzy, keď sa rozišli so sestrou
but her brothers really were concerned
ale jej bratia boli naozaj znepokojení
Beauty was the only one who did not shed any tears
kráska jediná neronila slzy
she did not want to increase their uneasiness
nechcela zvyšovať ich nepokoj
the horse took the direct road to the palace
kôň sa vybral priamou cestou do paláca
and towards evening they saw the illuminated palace
a k večeru uvideli osvetlený palác
the horse took himself into the stable again
kôň sa opäť pobral do stajne
and the good man and his daughter went into the great hall
a dobrý muž a jeho dcéra vošli do veľkej siene
here they found a table splendidly served up
tu našli skvele naservírovaný stôl
the merchant had no appetite to eat
obchodník nemal chuť jesť
but Beauty endeavoured to appear cheerful
ale kráska sa snažila pôsobiť veselo
she sat down at the table and helped her father
sadla si za stôl a pomáhala otcovi
but she also thought to herself:

ale tiež si pomyslela:

"Beast surely wants to fatten me before he eats me"
"beštia ma určite chce vykrmiť skôr, ako ma zje"
"that is why he provides such plentiful entertainment"
"preto poskytuje takú bohatú zábavu"
after they had eaten they heard a great noise
keď sa najedli, počuli veľký hluk
and the merchant bid his unfortunate child farewell, with tears in his eyes
a obchodník sa so slzami v očiach lúčil so svojím nešťastným dieťaťom
because he knew the Beast was coming
pretože vedel, že zviera prichádza
Beauty was terrified at his horrid form
kráska bola vydesená z jeho hroznej podoby
but she took courage as well as she could
ale nabrala odvahu, ako len mohla
and the monster asked her if she came willingly
a netvor sa jej spýtal, či prišla dobrovoľne
"yes, I have come willingly," she said trembling
"Áno, prišla som dobrovoľne," povedala rozochvená
the Beast responded, "You are very good"
šelma odpovedala: "Si veľmi dobrý"
"and I am greatly obliged to you; honest man"
"A som ti veľmi zaviazaný, čestný človeče"
"go your ways tomorrow morning"
"choď si svojou cestou zajtra ráno"
"but never think of coming here again"
"ale nikdy nepomýšľaj sem znova prísť"
"Farewell Beauty, farewell Beast," he answered
"Zbohom kráska, zbohom zviera," odpovedal
and immediately the monster withdrew
a hneď sa netvor stiahol
"Oh, daughter," said the merchant
"Ach, dcéra," povedal obchodník
and he embraced his daughter once more

a ešte raz objal svoju dcéru
"I am almost frightened to death"
"Som takmer na smrť vystrašený"
"believe me, you had better go back"
"ver mi, radšej sa vráť"
"let me stay here, instead of you"
"nechaj ma zostať tu namiesto teba"
"No, father," said Beauty, in a resolute tone
„Nie, otec," povedala kráska rezolútnym tónom
"you shall set out tomorrow morning"
"zajtra ráno vyrazíš"
"leave me to the care and protection of providence"
"nechaj ma do starostlivosti a ochrany prozreteľnosti"
nonetheless they went to bed
napriek tomu išli spať
they thought they would not close their eyes all night
mysleli si, že celú noc nezavrú oči
but just as they lay down they slept
ale keď si ľahli, spali
Beauty dreamed a fine lady came and said to her:
kráska snívala, že prišla pekná dáma a povedala jej:
"I am content, Beauty, with your good will"
"Som spokojný, kráska, s tvojou dobrou vôľou"
"this good action of yours shall not go unrewarded"
"tento tvoj dobrý čin nezostane bez odmeny"
Beauty waked and told her father her dream
kráska sa zobudila a povedala otcovi svoj sen
the dream helped to comfort him a little
sen ho trochu utešil
but he could not help crying bitterly as he was leaving
ale pri odchode sa neubránil trpkému plaču
as soon as he was gone, Beauty sat down in the great hall and cried too
len čo bol preč, kráska si sadla do veľkej sály a rozplakala sa tiež
but she resolved not to be uneasy

ale rozhodla sa, že nebude nepokojná
she decided to be strong for the little time she had left to live
rozhodla sa, že bude silná na to málo času, ktorý jej zostával žiť
because she firmly believed the Beast would eat her
pretože pevne verila, že ju zver zožerie
however, she thought she might as well explore the palace
myslela si však, že by mohla preskúmať aj palác
and she wanted to view the fine castle
a chcela si prezrieť nádherný hrad
a castle which she could not help admiring
hrad, ktorý nemohla neobdivovať
it was a delightfully pleasant palace
bol to nádherne príjemný palác
and she was extremely surprised at seeing a door
a bola veľmi prekvapená, keď videla dvere
and over the door was written that it was her room
a nad dverami bolo napísané, že je to jej izba
she opened the door hastily
rýchlo otvorila dvere
and she was quite dazzled with the magnificence of the room
a bola celkom oslnená veľkoleposťou miestnosti
what chiefly took up her attention was a large library
čo upútalo jej pozornosť, bola veľká knižnica
a harpsichord and several music books
čembalo a niekoľko hudobných kníh
"Well," said she to herself
"No," povedala si pre seba
"I see the Beast will not let my time hang heavy"
"Vidím, že beštia nenechá môj čas visieť na váhe"
then she reflected to herself about her situation
potom sa zamyslela nad svojou situáciou
"If I was meant to stay a day all this would not be here"
"Keby som mal zostať jeden deň, toto všetko by tu nebolo"
this consideration inspired her with fresh courage

táto úvaha ju inšpirovala sviežou odvahou
and she took a book from her new library
a vzala si knihu zo svojej novej knižnice
and she read these words in golden letters:
a prečítala tieto slová zlatými písmenami:
"Welcome Beauty, banish fear"
"Vitaj kráska, zažeň strach"
"You are queen and mistress here"
"Tu si kráľovná a milenka"
"Speak your wishes, speak your will"
"Povedz svoje želania, povedz svoju vôľu"
"Swift obedience meets your wishes here"
"Rýchla poslušnosť tu spĺňa vaše želania"
"Alas," said she, with a sigh
"Bohužiaľ," povedala s povzdychom
"Most of all I wish to see my poor father"
"Najviac si prajem vidieť svojho nebohého otca."
"and I would like to know what he is doing"
"a rád by som vedel, čo robí"
As soon as she had said this she noticed the mirror
Hneď ako to povedala, zbadala zrkadlo
to her great amazement she saw her own home in the mirror
na svoje veľké počudovanie uvidela v zrkadle svoj vlastný domov
her father arrived emotionally exhausted
jej otec prišiel emocionálne vyčerpaný
her sisters went to meet him
jej sestry mu išli v ústrety
despite their attempts to appear sorrowful, their joy was visible
napriek ich pokusom pôsobiť smutne, ich radosť bola viditeľná
a moment later everything disappeared
po chvíli všetko zmizlo
and Beauty's apprehensions disappeared too
a zmizli aj obavy z krásy

for she knew she could trust the Beast
lebo vedela, že tej šelme môže dôverovať
At noon she found dinner ready
Na poludnie našla pripravenú večeru
she sat herself down at the table
sama si sadla za stôl
and she was entertained with a concert of music
a zabávala sa hudobným koncertom
although she couldn't see anybody
hoci nikoho nevidela
at night she sat down for supper again
v noci si zasa sadla k večeri
this time she heard the noise the Beast made
tentoraz počula hluk, ktorý zviera vydávalo
and she could not help being terrified
a neubránila sa strachu
"Beauty," said the monster
"krása," povedal netvor
"do you allow me to eat with you?"
"dovolíš mi jesť s tebou?"
"do as you please," Beauty answered trembling
"Urob si, ako chceš," chvejúc sa odpovedala kráska
"No," replied the Beast
"Nie," odpovedalo zviera
"you alone are mistress here"
"ty jediná si tu milenka"
"you can send me away if I'm troublesome"
"môžeš ma poslať preč, ak ti budem robiť problémy"
"send me away and I will immediately withdraw"
"pošlite ma preč a ja sa okamžite stiahnem"
"But, tell me; do you not think I am very ugly?"
"Ale povedz mi, nemyslíš si, že som veľmi škaredá?"
"That is true," said Beauty
"To je pravda," povedala kráska
"I cannot tell a lie"
"Nemôžem klamať"

"but I believe you are very good natured"
"Ale verím, že máš veľmi dobrú povahu"
"I am indeed," said the monster
"Som naozaj," povedal netvor
"But apart from my ugliness, I also have no sense"
"Ale okrem mojej škaredosti nemám ani rozum"
"I know very well that I am a silly creature"
"Veľmi dobre viem, že som hlúpe stvorenie."
"It is no sign of folly to think so," replied Beauty
"Nie je to znak hlúposti, keď si to myslíš," odpovedala kráska
"Eat then, Beauty," said the monster
„Tak sa najedz, kráska," povedal netvor
"try to amuse yourself in your palace"
"skús sa zabaviť vo svojom paláci"
"everything here is yours"
"všetko tu je tvoje"
"and I would be very uneasy if you were not happy"
"A bol by som veľmi znepokojený, keby si nebol šťastný."
"You are very obliging," answered Beauty
"Si veľmi ústretový," odpovedala kráska
"I admit I am pleased with your kindness"
"Priznávam, že ma teší tvoja láskavosť"
"and when I consider your kindness, I hardly notice your deformities"
"A keď zvážim tvoju láskavosť, sotva si všimol tvoje deformácie."
"Yes, yes," said the Beast, "my heart is good
„Áno, áno," povedala šelma, „moje srdce je dobré
"but although I am good, I am still a monster"
"ale hoci som dobrý, stále som monštrum"
"There are many men that deserve that name more than you"
"Je veľa mužov, ktorí si toto meno zaslúžia viac ako ty."
"and I prefer you just as you are"
"a mám ťa radšej takého aký si"
"and I prefer you more than those who hide an ungrateful heart"

"a mám ťa radšej ako tých, čo skrývajú nevďačné srdce"
"if only I had some sense," replied the Beast
"Keby som mal aspoň trochu rozumu," odpovedalo zviera
"if I had sense I would make a fine compliment to thank you"
"Keby som mal rozum, urobil by som pekný kompliment, aby som ti poďakoval"
"but I am so dull"
"ale ja som taký tupý"
"I can only say I am greatly obliged to you"
"Môžem len povedať, že som ti veľmi zaviazaný"
Beauty ate a hearty supper
kráska zjedla výdatnú večeru
and she had almost conquered her dread of the monster
a takmer porazila svoj strach z monštra
but she wanted to faint when the Beast asked her the next question
no chcela omdlieť, keď sa jej zver spýtal ďalšiu otázku
"Beauty, will you be my wife?"
"Kráska, budeš moja žena?"
she took some time before she could answer
chvíľu jej trvalo, kým mohla odpovedať
because she was afraid of making him angry
lebo sa bála, že ho nahnevá
at last, however, she said "no, Beast"
nakoniec však povedala "nie, zviera"
immediately the poor monster hissed very frightfully
vzápätí úbohá obluda veľmi desivo zasyčala
and the whole palace echoed
a celý palác sa ozýval
but Beauty soon recovered from her fright
no kráska sa čoskoro spamätala zo svojho strachu
because Beast spoke again in a mournful voice
pretože šelma opäť prehovorila žalostným hlasom
"then farewell, Beauty"
"tak zbohom kráska"

and he only turned back now and then
a len občas sa otočil
to look at her as he went out
aby sa na ňu pozrel, keď vychádzal
now Beauty was alone again
teraz bola kráska opäť sama
she felt a great deal of compassion
cítila veľký súcit
"Alas, it is a thousand pities"
"Bohužiaľ, je to tisíc žiaľ"
"anything so good natured should not be so ugly"
"niečo také dobré by nemalo byť také škaredé"
Beauty spent three months very contentedly in the palace
kráska strávila tri mesiace veľmi spokojne v paláci
every evening the Beast paid her a visit
každý večer ju navštívila šelma
and they talked during supper
a rozprávali sa počas večere
they talked with common sense
rozprávali zdravým rozumom
but they didn't talk with what people call wittiness
ale nehovorili s tým, čo ľudia nazývajú vtipom
Beauty always discovered some valuable character in the Beast
kráska vždy objavila v zveri nejaký hodnotný charakter
and she had gotten used to his deformity
a na jeho deformáciu si už zvykla
she didn't dread the time of his visit anymore
už sa nebála času jeho návštevy
now she often looked at her watch
teraz často pozerala na hodinky
and she couldn't wait for it to be nine o'clock
a nevedela sa dočkať, kedy bude deväť hodín
because the Beast never missed coming at that hour
pretože šelma nikdy nezmeškala príchod v tú hodinu
there was only one thing that concerned Beauty

krása sa týkala len jednej veci
every night before she went to bed the Beast asked her the same question
každú noc predtým, ako išla spať, sa jej zviera pýtalo rovnakú otázku
the monster asked her if she would be his wife
netvor sa jej spýtal, či bude jeho manželkou
one day she said to him, "Beast, you make me very uneasy"
jedného dňa mu povedala: "beštia, veľmi ma znepokojuješ"
"I wish I could consent to marry you"
"Prial by som si, aby som súhlasil, aby som si ťa vzal"
"but I am too sincere to make you believe I would marry you"
"ale som príliš úprimný na to, aby som ťa prinútil veriť, že si ťa vezmem"
"our marriage will never happen"
"naše manželstvo nikdy nevznikne"
"I shall always see you as a friend"
"Vždy ťa uvidím ako priateľa"
"please try to be satisfied with this"
"Prosím, skúste sa s tým uspokojiť"
"I must be satisfied with this," said the Beast
"Musím sa s tým uspokojiť," povedala zver
"I know my own misfortune"
"Poznám svoje vlastné nešťastie"
"but I love you with the tenderest affection"
"ale milujem ťa tou najnežnejšou láskou"
"However, I ought to consider myself as happy"
"Mal by som sa však považovať za šťastný"
"and I should be happy that you will stay here"
"A mal by som byť šťastný, že tu zostaneš."
"promise me never to leave me"
"sľúb mi, že ma nikdy neopustíš"
Beauty blushed at these words
krása sa pri týchto slovách začervenala
one day Beauty was looking in her mirror

jedného dňa sa kráska pozerala do zrkadla
her father had worried himself sick for her
jej otec mal o ňu strach
she longed to see him again more than ever
túžila ho znova vidieť viac ako kedykoľvek predtým
"I could promise never to leave you entirely"
"Mohol by som sľúbiť, že ťa nikdy úplne neopustím"
"but I have so great a desire to see my father"
"Ale ja mám takú veľkú túžbu vidieť svojho otca"
"I would be impossibly upset if you say no"
"Bol by som neskutočne naštvaný, keby si povedal nie"
"I had rather die myself," said the monster
"Radšej som zomrel sám," povedal netvor
"I would rather die than make you feel uneasiness"
"Radšej by som zomrel, než aby si sa cítil nepokojne"
"I will send you to your father"
"Pošlem ťa k tvojmu otcovi"
"you shall remain with him"
"zostaneš s ním"
"and this unfortunate Beast will die with grief instead"
"a toto nešťastné zviera namiesto toho zomrie smútkom"
"No," said Beauty, weeping
"Nie," povedala kráska s plačom
"I love you too much to be the cause of your death"
"Milujem ťa príliš na to, aby som bol príčinou tvojej smrti"
"I give you my promise to return in a week"
"Sľubujem ti, že sa vrátim o týždeň."
"You have shown me that my sisters are married"
"Ukázal si mi, že moje sestry sú vydaté"
"and my brothers have gone to the army"
"a moji bratia odišli do armády"
"let me stay a week with my father, as he is alone"
"Nechaj ma zostať týždeň s otcom, pretože je sám."
"You shall be there tomorrow morning," said the Beast
"Budeš tam zajtra ráno," povedala beštia
"but remember your promise"

"ale pamätaj na svoj sľub"
"You need only lay your ring on a table before you go to bed"
"Pred spaním stačí položiť prsteň na stôl."
"and then you will be brought back before the morning"
"a potom ťa privedú späť pred ránom"
"Farewell dear Beauty," sighed the Beast
„Zbohom milá kráska," vzdychla zver
Beauty went to bed very sad that night
kráska išla tej noci spať veľmi smutná
because she didn't want to see Beast so worried
pretože nechcela vidieť zver tak ustaranú
the next morning she found herself at her father's home
na druhý deň ráno sa ocitla v dome svojho otca
she rung a little bell by her bedside
zazvonila na zvonček pri jej posteli
and the maid gave a loud shriek
a slúžka hlasno skríkla
and her father ran upstairs
a jej otec vybehol hore
he thought he was going to die with joy
myslel si, že zomrie od radosti
he held her in his arms for quarter of an hour
držal ju v náručí štvrť hodiny
eventually the first greetings were over
nakoniec prvé pozdravy skončili
Beauty began to think of getting out of bed
kráska začala myslieť na to, že vstane z postele
but she realized she had brought no clothes
ale uvedomila si, že si nepriniesla žiadne oblečenie
but the maid told her she had found a box
ale chyžná jej povedala, že našla krabicu
the large trunk was full of gowns and dresses
veľký kufor bol plný šiat a šiat
each gown was covered with gold and diamonds
každá róba bola pokrytá zlatom a diamantmi

Beauty thanked Beast for his kind care
kráska poďakovala zvieraťu za jeho láskavú starostlivosť
and she took one of the plainest of the dresses
a vzala si jedny z najobyčajnejších šiat
she intended to give the other dresses to her sisters
ostatné šaty zamýšľala dať sestrám
but at that thought the chest of clothes disappeared
ale pri tej myšlienke truhla so šatami zmizla
Beast had insisted the clothes were for her only
beštia trvala na tom, že šaty sú len pre ňu
her father told her that this was the case
otec jej povedal, že je to tak
and immediately the trunk of clothes came back again
a hneď sa kufor šiat opäť vrátil
Beauty dressed herself with her new clothes
kráska sa obliekla do nových šiat
and in the meantime maids went to find her sisters
a medzitým išli slúžky hľadať svoje sestry
both her sister were with their husbands
obe jej sestry boli so svojimi manželmi
but both her sisters were very unhappy
ale obe jej sestry boli veľmi nešťastné
her eldest sister had married a very handsome gentleman
jej najstaršia sestra sa vydala za veľmi pekného pána
but he was so fond of himself that he neglected his wife
ale mal sa tak rád, že svoju ženu zanedbával
her second sister had married a witty man
jej druhá sestra sa vydala za vtipného muža
but he used his wittiness to torment people
ale svoju dôvtipnosť použil na mučenie ľudí
and he tormented his wife most of all
a najviac zo všetkého trýznil svoju manželku
Beauty's sisters saw her dressed like a princess
sestry krásy ju videli oblečenú ako princeznú
and they were sickened with envy
a boli chorí závisťou

now she was more beautiful than ever
teraz bola krajšia ako kedykoľvek predtým
her affectionate behaviour could not stifle their jealousy
jej láskavé správanie nedokázalo potlačiť ich žiarlivosť
she told them how happy she was with the Beast
povedala im, aká je šťastná so šelmou
and their jealousy was ready to burst
a ich žiarlivosť bola na prasknutie
They went down into the garden to cry about their misfortune
Išli dole do záhrady plakať nad svojim nešťastím
"In what way is this little creature better than us?"
"V čom je toto malé stvorenie lepšie ako my?"
"Why should she be so much happier?"
"Prečo by mala byť taká šťastnejšia?"
"Sister," said the older sister
„Sestra," povedala staršia sestra
"a thought just struck my mind"
"Práve ma napadla myšlienka"
"let us try to keep her here for more than a week"
"Skúsme ju tu udržať dlhšie ako týždeň"
"perhaps this will enrage the silly monster"
"Možno to rozzúri to hlúpe monštrum"
"because she would have broken her word"
"pretože by porušila slovo"
"and then he might devour her"
"a potom ju možno zožerie"
"that's a great idea," answered the other sister
"To je skvelý nápad," odpovedala druhá sestra
"we must show her as much kindness as possible"
"Musíme jej prejaviť čo najväčšiu láskavosť"
the sisters made this their resolution
sestry si dali toto predsavzatie
and they behaved very affectionately to their sister
a k sestre sa správali veľmi láskavo
poor Beauty wept for joy from all their kindness

úbohá kráska plakala od radosti zo všetkej ich dobroty
when the week was expired, they cried and tore their hair
keď uplynul týždeň, plakali a trhali si vlasy
they seemed so sorry to part with her
zdalo sa, že je im ľúto, že sa s ňou rozlúčili
and Beauty promised to stay a week longer
a kráska sľúbila, že zostane o týždeň dlhšie
In the meantime, Beauty could not help reflecting on herself
Kráska sa medzitým nemohla ubrániť reflexii samej seba
she worried what she was doing to poor Beast
bála sa, čo robí úbohej beštii
she know that she sincerely loved him
vie, že ho úprimne miluje
and she really longed to see him again
a veľmi túžila ho znova vidieť
the tenth night she spent at her father's too
desiatu noc strávila aj u otca
she dreamed she was in the palace garden
snívalo sa jej, že je v palácovej záhrade
and she dreamt she saw the Beast extended on the grass
a snívalo sa jej, že videla zviera vytiahnuté na tráve
he seemed to reproach her in a dying voice
zdalo sa, že jej umierajúcim hlasom vyčítal
and he accused her of ingratitude
a obvinil ju z nevďačnosti
Beauty woke up from her sleep
kráska sa prebudila zo spánku
and she burst into tears
a rozplakala sa
"Am I not very wicked?"
"Nie som veľmi zlý?"
"Was it not cruel of me to act so unkindly to the Beast?"
"Nebolo odo mňa kruté správať sa tak neláskavo k tomu zvieraťu?"
"Beast did everything to please me"
"beštia urobila všetko preto, aby ma potešila"

"Is it his fault that he is so ugly?"
"Je to jeho chyba, že je taký škaredý?"
"Is it his fault that he has so little wit?"
"Je to jeho chyba, že má tak málo rozumu?"
"He is kind and good, and that is sufficient"
"Je milý a dobrý a to stačí"
"Why did I refuse to marry him?"
"Prečo som si ho odmietla vziať?"
"I should be happy with the monster"
"Mal by som byť šťastný s monštrom"
"look at the husbands of my sisters"
"pozri na manželov mojich sestier"
"neither wittiness, nor a being handsome makes them good"
"ani vtip, ani pekná bytosť ich nerobia dobrými"
"neither of their husbands makes them happy"
"ani jeden z ich manželov ich nerobí šťastnými"
"but virtue, sweetness of temper, and patience"
"ale cnosť, láskavosť a trpezlivosť"
"these things make a woman happy"
"tieto veci robia ženu šťastnou"
"and the Beast has all these valuable qualities"
"a zviera má všetky tieto cenné vlastnosti"
"it is true; I do not feel the tenderness of affection for him"
"Je to pravda; necítim k nemu nežnosť náklonnosti"
"but I find I have the highest gratitude for him"
"Ale zistil som, že som zaňho najviac vďačný."
"and I have the highest esteem of him"
"a najviac si ho vážim"
"and he is my best friend"
"a on je môj najlepší priateľ"
"I will not make him miserable"
"Neurobím ho nešťastným"
"If were I to be so ungrateful I would never forgive myself"
"Keby som bol taký nevďačný, nikdy by som si to neodpustil"
Beauty put her ring on the table
kráska položila prsteň na stôl

and she went to bed again
a opäť išla spať
scarce was she in bed before she fell asleep
málo bola v posteli, kým zaspala
she woke up again the next morning
na druhý deň ráno sa opäť zobudila
and she was overjoyed to find herself in the Beast's palace
a bola nesmierne šťastná, že sa ocitla v paláci šelmy
she put on one of her nicest dress to please him
obliekla si jedny zo svojich najkrajších šiat, aby ho potešila
and she patiently waited for evening
a trpezlivo čakala na večer
at last the wished-for hour came
prišla vytúžená hodina
the clock struck nine, yet no Beast appeared
hodiny odbili deviatu, ale žiadne zviera sa neobjavilo
Beauty then feared she had been the cause of his death
kráska sa vtedy bála, že bola príčinou jeho smrti
she ran crying all around the palace
s plačom behala po celom paláci
after having sought for him everywhere, she remembered her dream
keď ho všade hľadala, spomenula si na svoj sen
and she ran to the canal in the garden
a rozbehla sa ku kanálu v záhrade
there she found poor Beast stretched out
tam našla úbohú zver natiahnutú
and she was sure she had killed him
a bola si istá, že ho zabila
she threw herself upon him without any dread
vrhla sa na neho bez akéhokoľvek strachu
his heart was still beating
jeho srdce stále bilo
she fetched some water from the canal
nabrala trochu vody z kanála
and she poured the water on his head

a vyliala mu vodu na hlavu
the Beast opened his eyes and spoke to Beauty
šelma otvorila oči a prihovorila sa kráske
"You forgot your promise"
"Zabudol si na svoj sľub"
"I was so heartbroken to have lost you"
"Bolo mi tak zlomené srdce, že som ťa stratil"
"I resolved to starve myself"
"Rozhodol som sa hladovať"
"but I have the happiness of seeing you once more"
"ale mám to šťastie, že ťa ešte raz vidím"
"so I have the pleasure of dying satisfied"
"Takže mám to potešenie zomrieť spokojný"
"No, dear Beast," said Beauty, "you must not die"
"Nie, drahé zviera," povedala kráska, "nesmieš zomrieť"
"Live to be my husband"
"Žiť ako môj manžel"
"from this moment I give you my hand"
"od tejto chvíle ti podávam ruku"
"and I swear to be none but yours"
"a prisahám, že nebudem nikto iný ako tvoj"
"Alas! I thought I had only a friendship for you"
"Bohužiaľ! Myslel som, že mám pre teba len priateľstvo."
"but the grief I now feel convinces me;"
"ale smútok, ktorý teraz cítim, ma presvedčil."
"I cannot live without you"
"Nemôžem žiť bez teba"
Beauty scarce had said these words when she saw a light
kráska sotva povedala tieto slová, keď uvidela svetlo
the palace sparkled with light
palác žiaril svetlom
fireworks lit up the sky
ohňostroj rozžiaril oblohu
and the air filled with music
a vzduch naplnený hudbou
everything gave notice of some great event

všetko naznačovalo nejakú veľkú udalosť
but nothing could hold her attention
ale nič nedokázalo udržať jej pozornosť
she turned to her dear Beast
obrátila sa k svojej drahej zveri
the Beast for whom she trembled with fear
šelma, pre ktorú sa triasla od strachu
but her surprise was great at what she saw!
ale jej prekvapenie bolo veľké z toho, čo videla!
the Beast had disappeared
zver zmizol
instead she saw the loveliest prince
namiesto toho videla toho najkrajšieho princa
she had put an end to the spell
ukončila kúzlo
a spell under which he resembled a Beast
kúzlo, pod ktorým sa podobal na šelmu
this prince was worthy of all her attention
tento princ bol hodný všetkej jej pozornosti
but she could not help but ask where the Beast was
no nedalo sa nespýtať, kde je tá zver
"You see him at your feet," said the prince
„Vidíš ho pri nohách," povedal princ
"A wicked fairy had condemned me"
"Zlá víla ma odsúdila"
"I was to remain in that shape until a beautiful princess agreed to marry me"
"Mal som zostať v tejto forme, kým krásna princezná nesúhlasí, že si ma vezme."
"the fairy hid my understanding"
"Víla skryla moje pochopenie"
"you were the only one generous enough to be charmed by the goodness of my temper"
"Bol si jediný dostatočne veľkorysý na to, aby si bol očarený dobrotou mojej povahy."
Beauty was happily surprised

kráska bola šťastne prekvapená
and she gave the charming prince her hand
a podala pôvabnému princovi ruku
they went together into the castle
šli spolu do hradu
and Beauty was overjoyed to find her father in the castle
a kráska bola nesmierne šťastná, keď našla svojho otca v zámku
and her whole family were there too
a bola tam aj celá jej rodina
even the beautiful lady that appeared in her dream was there
bola tam aj krásna dáma, ktorá sa jej objavila vo sne
"Beauty," said the lady from the dream
„krása," povedala pani zo sna
"come and receive your reward"
"príď a získaj svoju odmenu"
"you have preferred virtue over wit or looks"
"uprednostňuješ cnosť pred vtipom alebo vzhľadom"
"and you deserve someone in whom these qualities are united"
"a zaslúžiš si niekoho, v kom sú tieto vlastnosti spojené"
"you are going to be a great queen"
"budeš veľkou kráľovnou"
"I hope the throne will not lessen your virtue"
"Dúfam, že trón nezmenší tvoju cnosť"
then the fairy turned to the two sisters
potom sa víla obrátila k dvom sestrám
"I have seen inside your hearts"
"Videl som do tvojich sŕdc"
"and I know all the malice your hearts contain"
"a viem, že všetka zloba obsahuje tvoje srdcia"
"you two will become statues"
"vy dvaja sa stanete sochami"
"but you will keep your minds"
"ale zachovaj si rozum"
"you shall stand at the gates of your sister's palace"

"Budeš stáť pri bránach paláca svojej sestry"
"your sister's happiness shall be your punishment"
"šťastie tvojej sestry bude tvojím trestom"
"you won't be able to return to your former states"
"nebudeš sa môcť vrátiť do svojich bývalých štátov"
"unless, you both admit your faults"
"pokiaľ si obaja nepriznáte svoje chyby"
"but I am foresee that you will always remain statues"
"Ale predpokladám, že vždy zostanete sochami."
"pride, anger, gluttony, and idleness are sometimes conquered"
"pýcha, hnev, obžerstvo a nečinnosť sú niekedy porazené"
"but the conversion of envious and malicious minds are miracles"
" ale obrátenie závistivých a zlomyseľných myslí sú zázraky"
immediately the fairy gave a stroke with her wand
hneď víla pohladila prútikom
and in a moment all that were in the hall were transported
a o chvíľu sa previezli všetci, čo boli v sále
they had gone into the prince's dominions
vošli do kniežacích panstiev
the prince's subjects received him with joy
princovi poddaní ho prijali s radosťou
the priest married Beauty and the Beast
kňaz sa oženil s kráskou a zvieraťom
and he lived with her many years
a prežil s ňou mnoho rokov
and their happiness was complete
a ich šťastie bolo úplné
because their happiness was founded on virtue
pretože ich šťastie bolo založené na cnosti

The End
Koniec

www.tranzlaty.com

www.ingramcontent.com/pod-product-compliance
Lightning Source LLC
Chambersburg PA
CBHW012013090526
44590CB00026B/3996